AF275760

EL LIBRO BUDISTA DEL REY DE KOSALA

EC

EDITORIAL CÁNTICO
COLECCIÓN · LUZ DE ORIENTE

COLECCIÓN DIRIGIDA POR RAÚL ALONSO

cantico.es · @canticoed

Suscríbete a nuestro blog en

Medium @canticoed

© de la traducción:
Raúl Alonso y Manuel José Díaz Márques, 2024
© de la introducción y notas: Raúl Alonso, 2024
© Editorial Almuzara S. L., 2024
Editorial Cántico
Parque Logístico de Córdoba
Carretera de Palma del Río, km. 4
14005 Córdoba
Imagen de cubierta: acuarela china del s. XVIII. Imagen de dominio
público perteneciente a la Wellcome Collection

ISBN: 978-84-10288-13-3
Depósito legal: CO 1509-2024

Impresión y encuadernación:
Imprenta Luque S.L.

Cualquier forma de reproducción, distribución comunicación pú-
blica o transformación de esta obra solo puede ser realizada con la
autorización de sus titulares, salvo excepción prevista por la ley.
Diríjase a CEDRO
Centro Español de Derechos Reprográficos, www.cedro.org,
si necesita fotocopiar o escanear algún fragmento de esta obra.

KOSALA SAMYUTTA

EL LIBRO BUDISTA DEL REY DE KOSALA

EDICIÓN, TRADUCCIÓN Y NOTAS DE
MANUEL JOSÉ DÍAZ Y RAÚL ALONSO

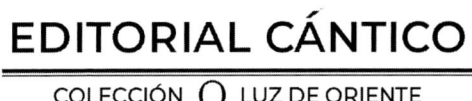

EDITORIAL CÁNTICO

COLECCIÓN ◯ LUZ DE ORIENTE

SOBRE LOS TRADUCTORES

MANUEL JOSÉ DÍAZ recibió enseñanzas e iniciaciones Vajrayana de importantes Lamas de las diferentes tradiciones de budismo tibetano como S.S. El XIV Dailai Lama, S.S. 41o Sakya Trichen, S.S. Trulshik Rimpoche, S.S. 12o Chamgon Kenting Tai Situpa, S.E. Namkha Drimed Rimpoche, Jigme Gyetrul Rimpoche, S.E. Sakya Jetsun Chimey Luding Rimpoche entre otros. En 2005 conocío a su principal maestro Chögyal Namkhai Norbu Rimpoche de quien recibío enseñanzas y transmisiónes Dzogchen hasta su parinirvana en 2018. A parte de su profunda formación budista, se ha formado en Rebirthing (Renacimiento) desde 1992 y ha sido organizador de la 1a Formación en Respiración Holotrópica (GTT) con el Dr. Stanislav Grof. También ha desarrollado estudios de antropología relacionados con el chamanismo. Se formó en Chamanismo Transcultural con la "Fundación de Estudios Chamánicos" del Dr. Michael Harner (Antropólogo). Organizó dos Giras Mundiales en Sevilla con Monjes Tibetanos: "Por un Milenio de Paz" en el 2000 y "Por la Paz Interior" en 2003. Imparte talleres y atiende consultas privadas.

RAÚL ALONSO es licenciado en Filosofía por la UNED, especializándose en Filosofía de las Religiones, budismo y gnosticismo antiguo. Es director de Editorial Cántico y forma parte del equipo editorial de la revista Vínculos de Historia, de la Universidad Castilla-La Mancha. Es autor de la edición crítica y la traducción de diversos títulos de la tradición cristiana antigua y moderna de autores como Ramon Llull, San Juan de la Cruz, Santa Teresa de Jesús y textos gnósticos de la Biblioteca de Nag Hammdi como el *Evangelio de Felipe*, el *Evangelio de la Verdad*, el *Libro de Tomas el atleta* y *Las enseñanzas de Silvano*. Como poeta ha publicado los libros *La plaga* (2000), *Libro de las catástrofes* (2002), *El amor de Bodhisattwa* (2004), *Temporal de lo eterno* (2014) y *Lo que nunca te dije* (2018). Su poesía reunida ha sido publicada bajo el título *Juventud* (2022) y en este ámbito ha sido distinguido con diversos reconocimientos como el Accésit del Premio Nacional de Poesía Rosalía de Castro, el I Premio de Poesía Joven Radio 3 y el Premio Ciudad de Córdoba Ricardo Molina.

EL *KOSALA SAMYUTTA*: MECENAZGO REAL Y BUDISMO LAICO EN LA ANTIGUA INDIA

POR RAÚL ALONSO

El *Kosala Samyutta*, el quinto capítulo del Samyutta Nikaya dentro del Canon Pali, presenta una ventana única al desarrollo temprano del budismo y su interacción con el poder secular en la antigua India. Esta colección de sutras, centrada en la figura del rey Pasenadi de Kosala, ofrece una visión inestimable de la aplicación práctica de las enseñanzas budistas en la vida cotidiana de los seguidores laicos. Como laico y gobernante, la relación de Pasenadi con Buda y su aceptación gradual de las doctrinas budistas desempeñaron un papel crucial en la formación de la primitiva comunidad budista y en su impacto social más amplio. El objetivo de esta introducción es hacer un repaso del *Kosala Samyutta*, examinando su contexto histórico, sus temas clave y su importancia para comprender el desarrollo de la práctica budista laica. Prestaremos especial atención a la figura del rey Pasenadi y a cómo su mecenazgo y trayectoria personal influyeron en el curso del budismo primitivo. A través de este análisis, exploraremos cómo el *Kosala Samyutta* sirve de puente entre el ideal monástico y las realidades prácticas de la vida mundana, ofreciendo orientación sobre la integración de la ética y la sabiduría budistas en las complejidades del gobierno, las relaciones y la toma de decisiones cotidianas.

CONTEXTO HISTÓRICO:
EL REY PASENADI Y EL REINO DE KOSALA

El reino de Kosala, situado en la parte septentrional del subcontinente indio, fue uno de los dieciséis *Mahajanapadas* (grandes estados) que dominaron el panorama político en tiempos de Buda (c. siglos V-IV a.C.). Kosala, con capital en Savatthi, era un reino poderoso y próspero, a menudo en conflicto con estados vecinos como Magadha (Bronkhorst, 2007). El rey Pasenadi, que ocupa un lugar destacado en el *Kosala Saṁyutta*, gobernó Kosala durante este periodo. Su reinado coincidió con la carrera docente de Buda, y sus interacciones abarcaron varias décadas. Según la tradición budista, fue la esposa de Pasenadi, la reina Mallika, la primera en animar al rey a conocer a Buda, un encuentro que se convertiría en una amistad y un patrocinio duraderos (Malalasekera, 1938).

La posición de Pasenadi como monarca poderoso hizo que su aceptación y apoyo a las enseñanzas de Buda fueran especialmente significativos. Como señala Schober (2002), "el patrocinio real fue crucial para la supervivencia y difusión de la primitiva comunidad budista". El respaldo del rey no solo proporcionaba apoyo material, sino que también otorgaba legitimidad social al naciente movimiento religioso.

Sin embargo, la relación de Pasenadi con el budismo no fue de aceptación inmediata o acrítica. El *Kosala Saṁyutta* retrata un proceso gradual de aprendizaje y transformación, a medida que el rey se relaciona con el Buda sobre diversas cuestiones relacionadas con el gobierno, la ética y la conducta personal. Esta descripción matizada ofrece una valiosa perspectiva histórica sobre cómo el budismo interactuó con las estructuras de poder existentes en la antigua India y se adaptó a ellas.

ESTRUCTURA Y TEMAS
DEL KOSALA SAṀYUTTA

El *Kosala Saṁyutta* consta de 25 *suttas* (discursos) del Canon Pali, dividido en tres *vaggas* (capítulos). Estos *suttas* recogen principalmente conversaciones entre Buda y el rey Pasenadi, aunque algunos también incluyen interacciones con otras figuras como la reina Mallika y varios ministros (Bodhi, 2000). Entre los temas clave que se desprenden de esta colección figuran:

1. Estado y gobierno: varios *suttas* abordan cuestiones relacionadas con el gobierno, como el uso adecuado del poder, la administración de la justicia y las responsabilidades del rey hacia sus súbditos.

2. Ética personal y superación personal: Buda aconseja a menudo a Pasenadi sobre cuestiones de conducta personal, fomentando virtudes como la no violencia, la veracidad y el autocontrol.

3. La impermanencia y la naturaleza de la existencia: los debates filosóficos sobre la naturaleza transitoria de la vida, el poder y las posesiones materiales ocupan un lugar destacado, ayudando a Pasenadi a desarrollar una comprensión más profunda de la metafísica budista.

4. Familia y relaciones: los *suttas* abordan cuestiones relacionadas con el matrimonio, la paternidad y los deberes familiares, ofreciendo orientación para mantener unas relaciones armoniosas en el hogar.

5. Riqueza y prosperidad material: el Buda ofrece consejos sobre la adquisición y el uso adecuados de la riqueza, haciendo hincapié en la generosidad y en los peligros del apego a las posesiones materiales.

6. Muerte y mortalidad: varios discursos abordan la inevitabilidad de la muerte y la importancia de prepararse para ella mediante una vida ética y la práctica espiritual.

Estos temas reflejan las preocupaciones prácticas de un gobernante y padre de familia, demostrando cómo las enseñanzas budistas podían aplicarse a los retos de la vida mundana. Como observa Strong (2015), "El *Kosala Saṁyutta* presenta el budismo no como una filosofía de otro mundo, sino como una guía práctica para navegar por las complejidades de la vida social y política."

En la siguiente sección, profundizaremos en la trayectoria personal del rey Pasenadi y en cómo su aceptación gradual de las doctrinas budistas influyó tanto en su gobierno como en el desarrollo más amplio del budismo en la antigua India.

EL VIAJE DEL REY PASENADI: DE ESCÉPTICO A DEVOTO

El *Kosala Saṁyutta* ofrece una visión longitudinal única de la relación del rey Pasenadi con Buda y sus enseñanzas. Vamos a recorrer la evolución del rey desde un gobernante curioso pero escéptico hasta un devoto seguidor laico, examinando cómo esta transformación influyó tanto en su vida personal como en su forma de gobernar.

Encuentros iniciales y escepticismo

Los primeros *suttas* del *Kosala Saṁyutta* retratan a Pasenadi como una persona respetuosa, pero algo dudosa de las afirmaciones de Buda. En el *Dahara Sutta* (SN 3.1), por ejemplo, Pasenadi expresa inicialmente sus dudas sobre la capacidad del Buda para alcanzar la iluminación a una edad temprana. Este escepticismo refleja las actitudes predominantes de la época, en la que la autoridad espiritual se asociaba a menudo con la edad avanzada y las prácticas ascéticas (Anālayo, 2012). Las respuestas del Buda a las dudas de Pasenadi muestran el enfoque racional y empírico que caracteriza gran parte del pensamiento budista primitivo. En lugar de apelar a la autoridad divina, el Buda utiliza analogías y argumentos lógicos para demostrar la posibilidad de la sabiduría juvenil. Este método discursivo parece haber calado en Pasenadi, erosionando gradualmente su escepticismo inicial.

Crecimiento intelectual y ético

A medida que se profundiza la relación entre Pasenadi y el Buda, vemos al rey lidiando con complejas cuestiones éticas y filosóficas. El *Atthakaraṇa Sutta* (SN 3.7) presenta a Pasenadi buscando el consejo de Buda sobre asuntos de justicia y gobierno. Esta consulta demuestra la creciente influencia del pensamiento budista en el enfoque del rey sobre la autoridad política.

El viaje intelectual de Pasenadi es particularmente evidente en los *suttas* que tratan cuestiones metafísicas. En el *Ayyakā Sutta* (SN 3.22), el rey se acerca al Buda, apesadumbrado por la muerte de su abuela. Este encuentro conduce a una profunda discusión sobre la universalidad de la muerte y la impermanencia de todas las cosas condicionadas. La capacidad de Pasenadi para encontrar consuelo en estas enseñanzas marca un paso significativo en su aceptación de las doctrinas budistas fundamentales.

Transformación personal y sus repercusiones

El *Kosala Saṁyutta* también documenta cambios en la conducta personal de Pasenadi. El *Doṇapāka Sutta* (SN 3.13) narra un incidente en el que el Buda aconseja al rey sobre los peligros de comer en exceso, lo que lleva a Pasenadi a adoptar un estilo de vida más moderado. Este episodio ilustra cómo las enseñanzas budistas influyeron no solo en la perspectiva intelectual del rey, sino también en sus hábitos cotidianos y sus prácticas de salud. La creciente devoción de Pasenadi por Buda tuvo consecuencias de gran alcance para la comunidad budista. Como señala Schopen (1997), el patrocinio real fue crucial para el establecimiento de instituciones monásticas y la difusión de las enseñanzas budistas. El apoyo del rey probablemente contribuyó a la construcción de monasterios, la organización de limosnas y la aceptación general del budismo en la sociedad kosalana.

EQUILIBRIO ENTRE LOS DEBERES MUNDANOS Y LA PRÁCTICA ESPIRITUAL

Uno de los aspectos más significativos del viaje personal de Pasenadi es su capacidad para integrar los principios budistas en su papel de monarca. El *Kosala Saṁyutta* presenta un modelo de budismo comprometido, en el que la práctica espiritual no está separada de las responsabilidades mundanas, sino que las informa y las realza.

En el *Saṅgāma Sutta* (SN 3.14-15), vemos a Pasenadi luchando con la ética de la guerra, una preocupación central para cualquier gobernante de la época. La reminiscencia del *Bhagavad-gītā* hindú en este *sutta* es significativa. Las enseñanzas de Buda sobre la inutilidad de la conquista y la importancia de un gobierno justo parecen haber influido en el planteamiento de Pasenadi sobre las relaciones interestatales y la resolución de conflictos (Bartholomeusz, 2002).

Este acto de equilibrio entre los ideales espirituales y el gobierno práctico quizá se ejemplifique mejor en el *Dhammacetiya Sutta* (MN 89), donde Pasenadi expresa su admiración por la naturaleza ordenada y armoniosa de la Sangha budista. Aquí vemos cómo el rey se inspira en la organización monástica para mejorar su propia administración, un claro ejemplo de cómo los principios budistas pueden adaptarse para mejorar el gobierno secular.

EL IMPACTO DEL MECENAZGO DE PASENADI EN EL BUDISMO PRIMITIVO

La aceptación y promoción gradual de las doctrinas budistas por parte de Pasenadi tuvo un profundo impacto en el desarrollo y difusión del budismo primitivo. A continuación examinaremos las diversas formas en que el mecenazgo del rey moldeó la comunidad budista y su relación con la sociedad en general.

LEGITIMACIÓN Y ACEPTACIÓN SOCIAL

Como uno de los monarcas más poderosos de su época, el respaldo de Pasenadi al budismo otorgó una importante legitimidad al naciente movimiento religioso. Schober (2002) sostiene que el patrocinio real fue decisivo para que el budismo pasara de ser una pequeña secta ascética a convertirse en una importante fuerza religiosa y social en la India antigua. El *Kosala Saṁyutta* proporciona pruebas de cómo el ejemplo de Pasenadi influyó en otros nobles en su corte y reino. En varios *suttas*, vemos a ministros y aristócratas que siguen el ejemplo del rey y buscan el consejo de Buda. Este efecto de goteo del patrocinio real probablemente desempeñó un papel crucial en la ampliación de la base social del budismo más allá de su núcleo inicial de monjes renunciantes.

15

APOYO MATERIAL Y DESARROLLO INSTITUCIONAL

El mecenazgo de Pasenadi se extendió más allá del mero apoyo verbal y llegó a suponer una importante ayuda material. Aunque el propio *Kosala Saṁyutta* no proporciona relatos detallados de donaciones, otros textos del Canon Pali, como las historias de Jetavana, atribuyen la donación de importantes monasterios a Pasenadi y a miembros de su corte (Malalasekera, 1938). Este apoyo material fue crucial para el desarrollo de las instituciones budistas. Como ha demostrado Schopen (1994), la transición del budismo de un movimiento principalmente peripatético a otro centrado en establecimientos monásticos fijos fue un factor clave para su supervivencia y crecimiento a largo plazo. El mecenazgo de Pasenadi probablemente aceleró este proceso en el reino de Kosala.

UN MODELO DE PRÁCTICA LAICA

Quizás el impacto más significativo del compromiso de Pasenadi con el budismo fue el modelo que proporcionó para la práctica budista laica. Como cabeza de familia y gobernante, Pasenadi demostró que se podía profundizar en las enseñanzas budistas sin renunciar a las responsabilidades mundanas. Esto contrastaba con los modelos religiosos imperantes en la época, que a menudo hacían hincapié en el ascetismo extremo o la pureza ritual como camino hacia el avance espiritual.

El énfasis del *Kosala Saṁyutta* en las preocupaciones prácticas y cotidianas –desde las relaciones familiares hasta la gestión económica– proporcionó un modelo de cómo el budismo podía abordar las necesidades de los seguidores laicos. Como sostiene Samuels (1999), esta integración de la ética budista en la vida cotidiana fue crucial para el amplio atractivo de la religión y su capacidad para adaptarse a diversos contextos culturales a medida que se extendía más allá de la India.

INFLUENCIA EN LA DOCTRINA Y LOS TEXTOS BUDISTAS

Las interacciones entre Pasenadi y Buda recogidas en el *Kosala Saṁyutta* también parecen haber influido en el desarrollo de la doctrina budista y las tradiciones textuales. El énfasis en la ética social, el arte de gobernar y la aplicación de los principios budistas a los asuntos mundanos que se observa en estos *suttas* se repite en textos budistas posteriores como los cuentos Jataka y varios sutras Mahayana.

Además, la figura de Pasenadi como seguidor laico ejemplar se convirtió en un elemento básico de la literatura budista. Sus preguntas y preocupaciones dieron forma a la manera en que se enmarcaban y explicaban las enseñanzas budistas, contribuyendo a un cuerpo doctrinal que podía dirigirse tanto a los renunciantes como a las familias.

ENSEÑANZAS Y DIRECTRICES ÉTICAS EN EL KOSALA SAṀYUTTA

El *Kosala Saṁyutta* es especialmente valioso por sus enseñanzas prácticas y directrices éticas, que a menudo se presentan en el contexto de situaciones del mundo real a las que se enfrentó el rey Pasenadi. A continuación examinaremos algunos de los temas doctrinales y éticos clave que surgen de estos *suttas*, destacando su relevancia para la práctica budista laica.

La naturaleza de la existencia y la impermanencia

Una de las doctrinas budistas fundamentales que se destacan repetidamente en el *Kosala Saṁyutta* es la impermanencia de todos los fenómenos condicionados. Esta enseñanza se presenta a menudo en respuesta a las experiencias personales de pérdida y cambio de Pasenadi.

En el *Piya Sutta* (SN 3.8), el Buda consuela a Pasenadi tras la muerte de su querida abuela, utilizando este acontecimiento para ilustrar la naturaleza universal de la mortalidad:

> Todos los seres están sujetos a la muerte, tienen la muerte en su futuro y no pueden escapar de ella (Bodhi, 2000, p. 176).

Esta enseñanza no solo sirve de consuelo, sino también de motivación para la vida ética y la práctica espiritual. Como señala Harvey (2013), la comprensión de la impermanencia en el pensamiento budista está destinada a conducir a una disminución del apego y a una mayor apreciación del momento presente.

Gobernanza ética y responsabilidad social

Dado el papel de Pasenadi como monarca, muchos *suttas* del *Kosala Saṁyutta* abordan cuestiones de gobierno y ética social. Los consejos de Buda sobre estas cuestiones permiten comprender la concepción budista primitiva de un gobierno justo.

En el *Atthakaraṇa Sutta* (SN 3.7), el Buda aconseja a Pasenadi sobre la administración de justicia, haciendo hincapié en la importancia de la equidad y la imparcialidad. Esta enseñanza va más allá de los meros procedimientos legales para abarcar principios más amplios de liderazgo ético:

Cuando, gran rey, sabes por ti mismo: 'Esta persona no es imparcial', no debes nombrarla. Pero cuando sepas por ti mismo: 'Esta persona es imparcial', entonces puedes nombrarla (Bodhi, 2000, p. 175).

Esta orientación refleja lo que Tambiah (1976) denomina el concepto budista de "realeza justa", según el cual el deber del gobernante no es solo mantener el orden, sino encarnar y promover las virtudes morales.

EL BUEN USO DE LA RIQUEZA

El *Kosala Saṁyutta* también aborda la ética económica, proporcionando orientación sobre la adquisición y el uso de la riqueza. Esto es especialmente relevante para los seguidores laicos que, a diferencia de los monjes, participan activamente en actividades económicas.

En el *Aputtaka Sutta* (SN 3.19-20), Buda aborda el caso de un rico avaro que murió sin heredero. Aprovecha la ocasión para enseñar el buen uso de la riqueza:

Cuando la riqueza no se utiliza correctamente, los reyes se la llevan, o los ladrones se la llevan, o el fuego la quema, o el agua se la lleva, o los herederos sin amor se la llevan (Bodhi, 2000, p. 183).

A continuación, Buda aboga por el uso generoso de la riqueza en beneficio propio y de los demás, una enseñanza que concuerda con el énfasis budista más amplio en la *dana* (generosidad) como virtud fundamental (Heim, 2004).

Relaciones personales y vida familiar

Como laico, las preocupaciones de Pasenadi giran a menudo en torno a las relaciones familiares y la vida doméstica. El *Kosala Saṁyutta* proporciona orientación sobre estos asuntos, ofreciendo una perspectiva budista sobre la armonía conyugal y las responsabilidades parentales. En el *Mallikā Sutta* (SN 3.8), Buda aborda la naturaleza del amor conyugal y las cualidades que conducen a unas relaciones armoniosas. Hace hincapié en el respeto mutuo, los valores compartidos y la conducta ética como fundamentos de un matrimonio sólido.

Este enfoque en la ética familiar demuestra la adaptabilidad de las enseñanzas budistas a las preocupaciones de los laicos. Como sostiene Strong (2015), estos *suttas* muestran cómo el budismo primitivo pretendía abordar todo el espectro de la experiencia humana, no solo las preocupaciones de los renunciantes.

Autorreflexión y desarrollo personal

Un tema recurrente en el *Kosala Saṁyutta* es la importancia de la autorreflexión y el desarrollo personal continuo. Buda anima a menudo a Pasenadi a examinar críticamente su propia mente y sus acciones.

En el *Attāna Sutta* (SN 3.5), el Buda aconseja a Pasenadi que reflexione regularmente sobre si se está comportando éticamente:

Estas son las cuatro formas de autoexamen, gran rey, que el Tathāgata ha proclamado (Bodhi, 2000, p. 174).

Este énfasis en el autoexamen y la superación ética es característico de la soteriología budista, que postula que la liberación llega a través de la comprensión y la transformación de la propia mente (Gethin, 1998).

La Vía Media en la práctica

El *Kosala Saṁyutta* también ofrece ejemplos prácticos de la filosofía budista del "Camino Medio", que aboga por la moderación y el equilibrio en todos los aspectos de la vida. En el *Doṇapāka Sutta* (SN 3.13), el Buda aconseja a Pasenadi sobre la importancia de la moderación en la alimentación, vinculando la salud física con la claridad mental y el progreso espiritual. Esta enseñanza ejemplifica cómo el principio del Camino Medio puede aplicarse a los aspectos mundanos de la vida cotidiana.

Como observa Anālayo (2012), estos consejos prácticos sirven para "aterrizar los principios filosóficos abstractos en el ámbito de la experiencia vivida", haciendo que las enseñanzas budistas sean accesibles y relevantes para los practicantes laicos.

Discurso religioso comparado

Curiosamente, el *Kosala Saṁyutta* también permite vislumbrar el pluralismo religioso de la antigua India y el acercamiento de Buda a otros sistemas de creencias.

En el *Brāhmaṇa Sutta* (SN 3.11), Pasenadi relata una conversación con brahmanes que reclaman superioridad basada en el nacimiento. La respuesta de Buda ofrece una crítica a las jerarquías basadas en las castas y presenta una base ética, más que hereditaria, para la valía espiritual.

Este compromiso con otros puntos de vista religiosos demuestra la naturaleza dialogante del budismo primitivo y su voluntad de desafiar las normas sociales y religiosas imperantes (Gombrich, 2006).

CONCLUSIÓN

El *Kosala Saṁyutta* constituye un testimonio único del desarrollo temprano del budismo y su interacción con el poder secular en la antigua India. A través de la figura del rey Pasenadi, somos testigos de la aceptación e integración gradual de los principios budistas en el gobierno y el tejido social del reino de Kosala.

El hecho de que la colección se centre en cuestiones prácticas y cotidianas la hace especialmente valiosa para comprender cómo se adaptaron las enseñanzas budistas a las necesidades de los seguidores laicos. El *Kosala Saṁyutta* ofrece una guía completa para aplicar los principios budistas en la vida mundana, desde cuestiones relacionadas con el gobierno y la ética económica hasta las relaciones de pareja, profesionales y el desarrollo personal.

Además, el viaje de Pasenadi de escéptico a devoto seguidor proporciona un modelo de cómo los individuos en posiciones de poder y responsabilidad pueden comprometerse con las enseñanzas espirituales sin abandonar sus deberes mundanos. Esta integración de la ética budista en la vida cotidiana y el gobierno fue crucial para el amplio atractivo de la religión y su capacidad de adaptarse a diversos contextos culturales a medida que se extendía más allá de la India.

Así pues, el *Kosala Saṁyutta* sirve no sólo como documento histórico, sino como fuente continua de inspiración y guía para los budistas contemporáneos que buscan equilibrar sus aspiraciones espirituales con sus responsabilidades mundanas. Sus enseñanzas sobre liderazgo ético, responsabilidad social y desarrollo personal siguen siendo relevantes a la hora de abordar los complejos retos de la sociedad moderna.

Mientras seguimos lidiando con cuestiones de poder, ética y transformación personal en el siglo XXI, los diálogos entre el Buda y el rey Pasenadi ofrecen una sabiduría intemporal que trasciende su contexto histórico. El *Kosala Saṁyutta* es un testimonio de la pertinencia perdurable del pensamiento budista en la navegación por las complejidades de la existencia humana, tanto individual como colectiva.

BIBLIOGRAFÍA

Anālayo, B. (2012). "The Historical Value of the Pāli Discourses." Indo-Iranian Journal, 55(3), 223-253.

Bartholomeusz, T. J. (2002). *In Defense of Dharma: Just-War Ideology in Buddhist Sri Lanka*. RoutledgeCurzon.

Bodhi, B. (trans.) (2000). *The Connected Discourses of the Buda: A New Translation of the Samyutta Nikaya*. Wisdom Publications.

Bronkhorst, J. (2007). *Greater Magadha: Studies in the Culture of Early India*. Brill.

Gethin, R. (1998). *The Foundations of Buddhism*. Oxford University Press.

Gombrich, R. F. (2006). *Theravada Buddhism: A Social History from Ancient Benares to Modern Colombo*. Routledge.

Harvey, P. (2013). *An Introduction to Buddhism: Teachings, History and Practices (2nd ed.)*. Cambridge University Press.

Heim, M. (2004). *Theories of the Gift in South Asia: Hindu, Buddhist, and Jain Reflections on Dana*. Routledge.

Malalasekera, G. P. (1938). *Dictionary of Pali Proper Names*. John Murray.

Samuels, J. (1999). "Views of Householders and Lay Disciples in the Sutta Pitaka: A Reconsideration of the Lay/Monastic Opposition." Religion, 29(3), 231-241.

Schopen, G. (1994). "The Monastic Ownership of Servants or Slaves: Local and Legal Factors in the Redactional History of Two Vinayas." Journal of the International Association of Buddhist Studies, 17(2), 145-173.

Schopen, G. (1997). *Bones, Stones, and Buddhist Monks: Collected Papers on the Archaeology, Epigraphy, and Texts of Monastic Buddhism in India*. University of Hawaii Press.

Schober, J. (2002). "In the Presence of the Buda: Ritual Veneration of the Burmese Mahamuni Image." en *Sacred Biography in the Buddhist Traditions of South and Southeast Asia* (ed. Juliane Schober). University of Hawaii Press.

Strong, J. S. (2015). *Buddhisms: An Introduction*. Oneworld Publications.

Tambiah, S. J. (1976). *World Conqueror and World Renouncer: A Study of Buddhism and Polity in Thailand against a Historical Background*. Cambridge University Press.

Schopen, G. (1994). "La propiedad monástica de sirvientes o esclavos: factores locales y legales en la historia de la redacción de dos vinayas". Revista de la Asociación Internacional de Estudios Budistas, 17(2), 145-173.

Schopen, G. (1997*). Bones, Stones, and Buddhist Monks: Collected Papers on the Archaeology, Epigraphy, and Texts of Monastic Buddhism in India*. University of Hawaii Press.

Schober, J. (2002). "En presencia de Buda: Veneración ritual de la imagen birmana de Mahamuni". En *Sacred Biography in the Buddhist Traditions of South and Southeast Asia* (ed. Juliane Schober). University of Hawaii Press.

Strong, J. S. (2015). *Buddhisms: An Introduction*. Oneworld Publications.

Tambiah, S. J. (1976). *World Conqueror and World Renouncer: A Study of Buddhism and Polity in Thailand against a Historical Background*. Cambridge University Press.

KOSALA SAṂYUTTA

EL LIBRO BUDISTA
DEL REY DE KOSALA

BANDHANA VAGGA

CAPÍTULO DE LAS ATADURAS

"Bandhana" en pali significa "atadura" o "lazo". "Vagga" se traduce comúnmente como "capítulo" o "sección". Por lo tanto, "Bandhana Vagga" se puede traducir aproximadamente como "Capítulo de las Ataduras". Este título es significativo en el contexto budista, ya que las "ataduras" a menudo se refieren a las cosas que nos atan al ciclo del samsara o sufrimiento. Estas pueden incluir el apego, la aversión, y la ignorancia. En el contexto específico del *Kosala Saṃyutta*, este capítulo contiene *suttas* que tratan sobre cómo el Rey Pasenadi lidiaba con varios tipos de "ataduras" en su vida como gobernante y laico, y cómo las enseñanzas del Buda le ayudaron a abordar estos desafíos.

1

JOVEN

Así lo he oído. En cierta ocasión, el Buda moraba cerca de Sāvatthī, en la Arboleda de Jeta, en el Parque de Anāthapiṇḍika. Entonces el rey Pasenadi de Kosala se acercó al Victorioso, e intercambió saludos con él. Cuando terminaron los saludos y las amables palabras entre ellos, se sentó a un lado y dijo al Bienaventurado:

¿Afirma el maestro Gautama haber
despertado al supremo despertar perfecto?

[El Buda respondió:]

Si de alguien puede decirse con razón que
ha despertado a la suprema y perfecta iluminación,
ese soy yo.
Pues, gran rey, yo he despertado
a la suprema y perfecta iluminación.

[El rey Pasenadi prosiguió:]

Pues bien, hay ascetas y brahmanes que dirigen órdenes y comunidades, *a las que enseñan. Son fundadores religiosos conocidos y famosos, considerados santos por mucha gente. Es decir: Pūraṇa*

Kassapa, Makkhali Gosāla, Nigaṇṭha Nāṭaputta, Sañjaya Belaṭṭhiputta, Pakudha Kaccāyana y Ajita Kesakambala. También les pregunté si afirmaban haber despertado a la suprema y perfecta iluminación, pero se abstuvieron de hacerlo. Entonces, ¿por qué lo haces tú, dado que eres tan joven de edad y acabas abrazar la renuncia?

[El Buda respondió:]

Gran rey, hay cuatro cosas que no deben ser despreciadas o infravaloradas por ser jóvenes. ¿Que cuáles son esas cuatro cosas?: un aristócrata, una serpiente, un fuego y un mendigo. Estas cuatro cosas no deben ser despreciadas ni infravaloradas porque sean jóvenes.

Eso es lo que dijo el Buda. Luego el Bienaventurado, el Maestro, continuó diciendo:

Un hombre no debe despreciar
a un aristócrata de linaje impecable,
de alta cuna y famoso, solo porque sea joven.
Pues es posible que ese señor de los hombres,
como aristócrata, se haga con el trono.
Y en su ira ejecutará un castigo real,
y hará que te golpeen violentamente.
De ahí que debas evitar despreciarlo
por el bien de tu propia vida.

Ya sea en la aldea o en el desierto,
dondequiera que se vea una serpiente,
el hombre no debe despreciarla por su juventud.
Con sus colores de arco iris,
la serpiente de ardiente aliento se desliza,
arremete y muerde al necio,

tanto a hombres como a mujeres.
De ahí que debas evitar despreciarla
por el bien de tu propia vida.

Un fuego no debe ser desdeñado por ser joven,
porque puede devorar grandes cosas
dejando con su una conflagración
un rastro ennegrecido.
Un fuego no debe ser desdeñado por ser joven,
porque una vez que consiga combustible
se convertirá en un gran incendio.
Arderá y quemará al tonto,
tanto a hombres como a mujeres.
Por lo tanto, debes evitar despreciarlo
por el bien de tu propia vida.

Con todo, cuando un bosque es quemado por el fuego,
dejando con su conflagración un rastro ennegrecido,
los brotes volverán a brotar allí
con el paso de los días y las noches.

Pero si un monje te alcanza
con toda su fuerza moral
y te quema con su poder,
no tendrás hijos ni ganado,
ni herederos que reciban de ti ninguna riqueza.
Te quedarás solo y sin descendencia,
como el tronco de una palmera.[1]

---

1 Cuando en este *sutta* el Buda se refiere a ser alcanzado con la fuerza moral de un monje, está expresando el poder transformador del carisma de una persona que ha abrazado al dharma, contagiando con él a otras personas que, bajo esta influencia espiritual, abandonan la vida del hogar y se convierten en renunciantes que se acogen a la vida sin hogar. Hoy día, una interpretación

Por eso una persona sabia,
viendo lo que es bueno para sí misma,
siempre trataría a estos como es debido:
una serpiente, un fuego,
un aristócrata poderoso
y un monje con fuerza moral.

Dicho esto, el rey Pasenadi de Kosala dijo al Buda:

¡Excelente, Señor! ¡Excelente!
Como si enderezara lo torcido, o revelara lo oculto, o señalara el
camino a los perdidos, o encendiera una lámpara en la oscuridad
para que la gente con buenos ojos pudiera ver lo que hay, así tam-
bién el Buda ha aclarado la enseñanza de muchas maneras. Vengo
en busca de refugio al Buda, al Dhamma y a la Saṅgha de monjes
mendicantes. A partir de hoy, que el Buda me recuerde como un
seguidor laico que ha ido a buscar refugio de por vida.

---

literalista de estas palabras no tendría mucho sentido, pero la idea de que un
monje nos puede hacer cambiar una vida materialista por una vida de renuncia
está presente y mantiene toda su vigencia.

2

UN HOMBRE

Ocurrió en Sāvatthī. En cierta ocasión, el rey Pasenadi de Kosala se acercó al Buda, le rindió homenaje, se sentó a un lado y le dijo al Bienaventurado:

Señor, ¿cuántas cosas surgen
dentro de una persona
para su daño, sufrimiento y malestar?

[El Buda respondió:]

Gran rey, tres cosas surgen
dentro de una persona
para su daño, sufrimiento y malestar.
¿Qué cuáles son esas tres? La codicia, el odio y la ilusión.
Estas tres cosas surgen dentro de una persona
para su daño, sufrimiento e incomodidad.

[Eso es lo que dijo el Buda y añadió:]

Cuando la codicia, el odio y la ilusión,
han surgido dentro de uno mismo,
dañan a una persona de corazón perverso,
como una caña es destruida por su propio fruto.

3

LA VEJEZ Y LA MUERTE

Ocurrió en Sāvatthī. Sentado a un lado, el rey Pasenadi preguntó al Buda:

Señor, para alguien que ha renacido,
¿hay algo que quepa esperar aparte de la vejez y la muerte?

[El Buda respondió:]

Gran rey, para alguien que ha renacido, no hay nada que esperar aparte de la vejez y la muerte. Incluso para los aristócratas influyentes [khattiyas], *brahmanes o señores de casa acomodados –ricos, opulentos, con mucho oro y plata, muchas propiedades y bienes, y mucho dinero y grano– cuando nacen, no hay nada aparte de la vejez y la muerte. Incluso para los monjes que se han perfeccionado –que han acabado con las impurezas, completado el viaje espiritual, hecho lo que había que hacer, abandonado la carga, alcanzado su propia meta, acabado por completo con las cadenas del renacimiento, y se han liberado correctamente a través de la iluminación–, sus cuerpos son susceptibles de corromperse y ser enterrados.*

[El Buda añadió:]

Los elegantes carros de los reyes se desgastan,
y este cuerpo también envejece.
Pero la bondad nunca envejece:
así lo proclaman los verdaderos y buenos.

4

AMADO

Ocurrió en Sāvatthī. Sentado a un lado, el rey Pasenadi dijo al Buda:

Hace un momento, Señor,
mientras estaba en retiro privado
me vino a la mente este pensamiento.
¿Quiénes son los que se aman a sí mismos?
¿Y quiénes son los que no se aman a sí mismos?
Entonces se me ocurrió:
Los que hacen cosas malas con el cuerpo,
la palabra y la mente no se aman a sí mismos.
Aunque digan: "Me amo", en realidad no lo hacen.
¿Por qué? Porque se tratan a sí mismos como a un enemigo.
Es por eso que no se aman a sí mismos.
Aquellos que hacen cosas buenas por medio del cuerpo,
la palabra y la mente sí se aman a sí mismos.
Aunque digan: "Yo no me amo", en realidad lo hacen.
¿Por qué? Porque se tratan a sí mismos como a un ser querido.
Por eso se aman.

—¡Eso es muy cierto, gran rey! ¡Es así mismo! —dijo el Buda.
Y repitió la afirmación del monarca, añadiendo:

Si te consideraras amado,
no te atarías a la maldad.
Pues la felicidad no es fácil de encontrar
por alguien que hace malas acciones.

Cuando seas atrapado por quien propicia tu fin
al renunciar a tu vida humana,
¿qué puedes llamar tuyo?
¿Qué te llevas cuando te vas?
¿Qué se va contigo, como una sombra que nunca te abandona?

Tanto lo bueno como lo malo que un mortal hace en esta vida
es lo que puede llamar suyo. Eso es lo que se llevan cuando se van.
Eso es lo que se va con ellos,
como una sombra que nunca les abandona.

Por eso hay que hacer el bien, invirtiendo en la vida futura.
Las buenas acciones de los seres sintientes en esta vida
les servirán de apoyo en el otro mundo.

5

AUTOPROTEGIDO

Ocurrió en Sāvatthī. Sentado a un lado, el rey Pasenadi dijo al Buda:

Hace un momento, Señor,
mientras estaba en retiro privado
me vino a la mente este pensamiento:
"¿Quiénes son los que se protegen a sí mismos?
¿Y quiénes son los que no se protegen?"
Entonces se me ocurrió:
Aquellos que hacen cosas malas por medio del cuerpo,
la palabra y la mente no se protegen a sí mismos.
Aunque estén protegidos por una manada de elefantes,
caballería, carros o infantería, siguen sin protegerse.
¿Por qué? Porque esa protección es exterior, no interior.
Por eso no se protegen a sí mismos.
Los que hacen el bien con el cuerpo,
la palabra y la mente sí se protegen.
Aunque no estén protegidos por una manada de elefantes,
caballería, carros o infantería, se protegen a sí mismos.
¿Por qué? Porque esa protección es interior, no exterior.
Por eso se protegen.

—*¡Es muy cierto, gran rey! ¡Es así mismo!* —dijo el Buda.

Y repitió la afirmación del monarca, añadiendo:

La moderación del cuerpo es buena;
la moderación de la palabra es buena;
la moderación de la mente es buena;
la moderación en todas partes es buena.

Una persona sincera, que inhibe
sus variadas facetas en todas partes,
se dice que está protegida.

6

POCOS

Ocurrió en Sāvatthī. Sentado a un lado, el rey Pasenadi dijo al Buda:

Hace un momento, Señor,
mientras estaba en retiro privado
me vino a la mente este pensamiento.
Pocos son los seres sensibles en el mundo que,
cuando obtienen posesiones de lujo,
no se vuelven indulgentes y negligentes,
cediendo a la codicia de los placeres sensuales,
y haciendo el mal por los demás.
Hay muchos más que, cuando obtienen posesiones lujosas,
se vuelven indulgentes y negligentes,
cediendo a la codicia por los placeres sensuales,
y haciendo el mal por los demás.

—*¡Es muy cierto, gran rey! ¡Es así mismo!* —dijo el Buda.
Y repitió la afirmación del monarca, añadiendo:

Llenos de deseo de posesiones y placeres,
codiciosos, estupefactos por los placeres sensuales;
no se dan cuenta de que han ido demasiado lejos,
como ciervos que caen en una trampa tendida.
Más tarde será amargo porque el resultado será malo para ellos.

7

JUICIO

Ocurrió en Sāvatthī. Sentado a un lado, el rey Pasenadi dijo al Buda:

Señor, cuando estoy sentado en la Sala de Juicios
veo aristócratas influyentes [khattiyas], brahmanes
y señores de casa –ricos, opulentos,
con mucho oro y plata, muchas propiedades
y bienes, y mucho dinero y grano–
que mienten deliberadamente
para obtener placeres sensuales.
Entonces pienso: basta de juzgar hoy;
que cada uno juzgue por sí mismo.

[El Buda respondió:]

¡Eso es tan cierto, gran rey! ¡Es así mismo!

Aquellos que son aristócratas acomodados [khattiyas],
brahmanes y señores de casa dicen mentiras deliberadas
en aras de los placeres sensuales.
Eso es para su daño y sufrimiento duraderos.

Eso es lo que dijo el Bienaventurado.

Llenos de deseo de posesiones y placeres, codiciosos,
estupefactos por los placeres sensuales;
no se dan cuenta de que han ido demasiado lejos,
como peces que entran en una red tendida.
Más tarde les será amargo porque las consecuencias de ello son malas.

8

CON LA REINA MALLIKĀ

Ocurrió en Sāvatthī. En una ocasión el rey Pasenadi de Kosala estaba en el balcón de su palacio junto con la reina Mallikā. Entonces el rey le dijo a la reina:

—*Mallikā, ¿hay alguien más querido para ti que tú misma?*
—*No, gran rey, no lo hay... ¿Y hay alguien más querido para ti que tú mismo?*
—*Para mí tampoco, Mallikā, no hay nadie más querido que yo mismo.*

Entonces el rey Pasenadi de Kosala bajó del balcón real, se dirigió al Buda, le rindió homenaje, se sentó a un lado y le contó lo sucedido. Entonces, sabiendo el significado de esto, en aquella ocasión el Buda recitó este verso:

Habiendo explorado cada rincón con la mente,
uno no encuentra a nadie más querido que uno mismo.
Lo mismo ocurre con los demás:
cada uno ama a los demás como a sí mismo.
De esta forma, quien se ama a sí mismo no daña a los demás.

9

SACRIFICIO

Ocurrió en Sāvatthī. En aquel tiempo se había organizado un gran sacrificio para el rey Pasenadi de Kosala. Quinientos toros principales, quinientos novillos, quinientas novillas, quinientas cabras y quinientos carneros habían sido conducidos al pilar para el sacrificio. Sus sirvientes, empleados y trabajadores hacían su trabajo bajo amenaza de castigo y peligro, llorando con rostros llenos de lágrimas.

Entonces varios monjes se vistieron por la mañana y, tomando sus cuencos y sus túnicas, entraron en Sāvatthī para pedir limosna. Luego, después de la comida, cuando regresaron de la ronda de limosnas, se acercaron al Buda, le rindieron homenaje, se sentaron a un lado y le contaron lo que estaba sucediendo.

Entonces, sabiendo el significado de esto, en aquella ocasión el Buda recitó estos versos:

Sacrificio de caballos, sacrificio humano,
sammapasa², vajapeyya³, niraggala⁴,
estos enormes sacrificios violentos no generan grandes frutos⁵.

Los grandes sabios de buena conducta no asisten a sacrificios
en los que se matan cabras, ovejas, ganado y diversas criaturas.

Pero los grandes sabios de buena conducta sí asisten
a sacrificios no violentos de una normal tradición familiar,
donde cabras, ovejas y ganado y varias criaturas no son asesinadas.

Una persona inteligente debería sacrificar así,
pues este sacrificio es muy fructífero.
Para un patrocinador de sacrificios como este,
las cosas mejoran, no empeoran.
Un sacrificio así es verdaderamente abundante,
e incluso las deidades se sienten complacidas.

---

2 *Sammapasa* (también escrito como *Samapasa*): este era un tipo de sacrificio donde se ataban animales a postes sacrificiales. El término literalmente significa "atar completamente" o "atar uniformemente".

3 *Vajapeyya* (también conocido como *Vajapeya*): este era un elaborado ritual védico de soma que incluía una carrera de carros y el sacrificio de animales. El nombre significa literalmente "bebida de fuerza" o "bebida de vigor".

4 *Niraggala* (también conocido como *Nirargada*): este término se refiere a un gran sacrificio sin restricciones. "Nir" significa "sin" y "argala" significa "barra" o "obstáculo", por lo que el término completo implica un sacrificio sin límites o restricciones.

5 Es importante notar que el Buda generalmente se oponía a los sacrificios de animales y a menudo reinterpretaba estos términos rituales en un contexto ético y espiritual, alejándose de las prácticas literales de sacrificio animal.

10

GRILLETES

En ese tiempo, el rey Pasenadi de Kosala había encadenado a un gran grupo de personas, algunas con cuerdas, otras con grilletes y otras con cadenas.

Entonces varios monjes se vistieron por la mañana y, tomando sus cuencos y sus túnicas, entraron en Sāvatthī para pedir limosna. Luego, después de la comida, cuando regresaron de la ronda de limosnas, se acercaron al Buda, le rindieron homenaje, se sentaron a un lado y le contaron lo que estaba sucediendo.

Entonces, sabiendo el significado de esto, en aquella ocasión el Buda recitó estos versos:

Los sabios dicen que el grillete
que esté hecho de hierro, madera o nudos
no es fuerte.
Pero la vanidad con joyas y pendientes,
la preocupación por tus parejas e hijos:
esto dicen los sabios que es un grillete fuerte
que te arrastra hacia abajo, apretándote,
y del cual es difícil de escapar.
Cortan estas influencias y siguen adelante,
sin preocupaciones, habiendo renunciado a los placeres sensuales.

APUTTAKA VAGGA

CAPÍTULO DE LOS QUE NO TIENEN HIJOS

"Aputtaka Vagga" se puede traducir aproximadamente como "El Capítulo sobre los que no tienen hijos" o "La Sección de los sin hijos". "Aputtaka" significa "sin hijos". En pali "A-" es un prefijo negativo, y "putta" significa "hijo". "Vagga", como mencionamos antes, significa "capítulo" o "sección".

Esta sección recibe este título por sus dos últimos *suttas*: el Nº 19 y el Nº 20 que tratan temas relacionados con la falta de hijos o herederos, lo cual era una preocupación importante en la antigua sociedad india. Algunas cuestiones implicadas son la continuidad dinástica, la herencia, o las implicaciones sociales y emocionales de no tener descendencia.

SOBRE EL BUDA Y SU IDEA SOBRE LOS HIJOS:

El Buda, antes de su iluminación, cuando era aún el príncipe Siddhartha Gautama, tuvo un hijo. Su nombre era Rāhula. Nació justo antes de que Siddhartha dejara el palacio para buscar la iluminación. Después de alcanzarla, el Buda permitió que Rāhula se uniera a la orden monástica cuando era aún un niño.

El Buda veía el nacimiento de un hijo como una de las alegrías de la vida familiar, pero también como una fuente potencial de apego y sufrimiento. En el *Dhammapada*, el Buda dice: "De los hijos viene el dolor, de los hijos viene el miedo. Para el que está libre de hijos no hay dolor y, por lo tanto, no hay miedo."[6]

Sin embargo, el Buda no desalentaba el tener hijos para los laicos. Más bien, enseñaba sobre la importancia de criar a los hijos con sabiduría y compasión. Para los monjes y monjas, que habían renunciado a la vida familiar, el tener hijos no estaba permitido, ya que iba en contra de sus votos de celibato. El Buda enfatizaba la importancia de la relación padre-hijo en términos de responsabilidades mutuas, como se ve en el *Sigalovada Sutta* (DN 31):

En cinco formas, joven cabeza de familia,
un hijo debe atender a sus padres como el Este:
"Habiendo sido sostenido por ellos, yo los sostendré;
yo haré sus deberes;
yo mantendré la tradición familiar;
yo me haré digno de mi herencia;
Además, yo ofreceré limosnas en honor de mis parientes fallecidos."

En cinco formas, joven cabeza de familia, los padres así atendidos
como el Este por su hijo, le muestran su amor:
Lo refrenan del mal;
lo establecen en el bien;
le hacen aprender un arte;

---

6 *Dhammapada*, verso 212. En pali, el verso original es: "*Piyato jāyatī soko, piyato jāyatī bhayaṃ; Piyato vippamuttassa, natthi soko kuto bhayaṃ.*" Es importante notar que el término pali original "*piya*" es más amplio que el término literal de "hijo" y significa "querido" o "amado". Por lo tanto, esta enseñanza se aplica no solo a los hijos, sino a aquellas personas a las que nos apegamos. Esta enseñanza no debe interpretarse como un rechazo al amor o a las relaciones familiares, sino como una advertencia sobre los peligros del apego excesivo y una invitación a cultivar un amor más sabio y desapegado.

lo casan con una esposa adecuada;
a su debido tiempo le entregan su herencia.

Podemos concluir que el Buda reconocía el valor y la alegría que los hijos pueden traer, también advertía sobre el apego excesivo y enseñaba a ver todas las relaciones, incluyendo las familiares, con ecuanimidad y compasión.

11

SIETE ASCETAS DE PELO ENMARAÑADO

En cierta ocasión, el Buda moraba cerca de Sāvatthī, en el Monasterio Oriental, en el palafito[7] de la madre de Migāra. A última hora de la tarde, el Buda salió del retiro y se sentó ante la puerta. Entonces el rey Pasenadi de Kosala se acercó al Buda, le rindió homenaje y se sentó a un lado.

En ese momento, siete ascetas de pelo enmarañado, siete ascetas jainistas, siete ascetas desnudos, siete ascetas con una sola tela y siete vagabundos pasaron cerca del Buda. Tenían las axilas y el cuerpo peludos, las uñas largas, y llevaban sus cosas en bandolera. Entonces el rey Pasenadi se levantó de su asiento, se acomodó la túnica sobre un hombro, se arrodilló con la rodilla derecha en el suelo, levantó las palmas de las manos unidas hacia aquellos diversos ascetas y pronunció su nombre tres veces:

¡Señores, soy Pasenadi, rey de Kosala!
¡Soy Pasenadi, rey de Kosala!
¡Soy Pasenadi, rey de Kosala!

---

7   Un palafito es una construcción que se alza en la orilla del mar, dentro de un lago, un río o en terrenos anegables, sobre estacas o pies derechos.

Poco después de que aquellos ascetas se hubieran marchado, el rey Pasenadi se acercó al Buda, le rindió homenaje, se sentó a un lado y le dijo:

Señor, ¿ellos están entre los que en el mundo son perfectos o han entrado en el camino de la perfección?

[El Buda respondió:]

Gran rey, como laico que disfruta de los placeres sensuales, vive en casa con sus hijos, usa sándalo importado de Kāsi, lleva guirnaldas, perfumes y maquillaje, y acepta oro y dinero, le resulta difícil saber quién está perfeccionado o en el camino de la perfección.

Puedes llegar a conocer la ética de una persona viviendo con ella. Pero solo después de mucho tiempo, no casualmente; solo cuando se presta atención, no cuando se está desatento; y solo por los sabios, no por los ingenuos. Puedes llegar a conocer la pureza de una persona tratando con ella. Puedes conocer la resistencia de una persona en tiempos difíciles. Puedes conocer la sabiduría de una persona discutiendo con ella. Pero solo después de mucho tiempo, no casualmente; solo cuando se presta atención, no cuando no se está atento; y solo por los sabios, no por los ingenuos.

[El rey Pasenadi de Kosala dijo:]

Es increíble, Señor, es asombroso, lo bien que ha hablado esto el maestro Gautama.

Señor, estos son mis espías, mis agentes encubiertos que regresan después de espiar al país. Primero van de incógnito, luego hago que me informen. Y ahora —cuando se hayan lavado el polvo y la suciedad, y estén bien bañados y ungidos, con el pelo y la barba

53

arreglados, y vestidos de blanco– se divertirán, abastecidos y provistos de las cinco clases de estimulación sensual.

Entonces, conociendo el significado de esto, en aquella ocasión el Buda recitó estos versos:

No es fácil conocer a un hombre por su apariencia.
No debes confiar en los hombres a primera vista.
Pues los hombres desenfrenados viven en este mundo
disfrazados de moderados.

Como un pendiente falso hecho de arcilla
o como un medio penique de cobre recubierto de oro,
viven ocultos en el mundo, corruptos por dentro,
pero impresionantes por fuera.

12

CINCO REYES

Ocurrió en Sāvatthī. En aquellos momentos cinco reyes encabezados por Pasenadi se divertían, abastecidos y provistos de las cinco clases de estimulación sensual, surgiendo esta discusión entre ellos:

¿Cuál es el mejor de los placeres sensuales?

Uno de ellos dijo: *¡Lo visto es lo mejor de los placeres sensuales!*

Otro dijo: *¡Los sonidos son los mejores!*

Otro dijo: *¡Los olores son lo mejor!*

Otro dijo: *¡Lo mejor son los sabores!*

Otro dijo: *¡Las caricias son lo mejor!*

Como aquellos reyes no lograban convencerse mutuamente, el rey Pasenadi les dijo:

Vamos, buenos señores, vayamos al Buda
y preguntémosle sobre esto.
Como él responda, así lo recordaremos.

—*¡Sí, querido señor!* —respondieron aquellos reyes.

Entonces aquellos cinco reyes encabezados por Pasenadi se dirigieron al Buda, le rindieron homenaje y se sentaron a un lado. El rey Pasenadi informó de su conversación al Buda, y le dijo:

Señor, ¿cuál es el mejor de los placeres sensuales?

[El Buda respondió:]

Gran rey, qué clase de estimulación sensual es la mejor se define por cuál es la más agradable, digo yo. Las mismas imágenes que son agradables para algunos son desagradables para otros. Cuando eres feliz con ciertas vistas, ya que tienes todo lo que deseabas, no quieres ninguna otra vista que sea mejor o más fina. Para ti, esas vistas son perfectas y supremas.

Los mismo vale para los sonidos... olores... sabores..., los que son agradables para algunos, son desagradables para otros. Cuando estás contento con ciertos tactos, como tienes todo lo que deseabas, no quieres ningún otra experiencia táctil que sea mejor o más fina. Para ti, esos contactos son perfectos y supremos.

Ahora bien, en aquel momento el seguidor laico Candanaṅgalika estaba sentado en aquella asamblea. Se levantó de su asiento, acomodó la túnica sobre un hombro, levantó sus palmas unidas hacia el Buda y dijo:

¡Me siento inspirado para hablar, Oh Victorioso!
¡Me siento inspirado para hablar, Bienaventurado!

—*Entonces habla tal como te sientas inspirado* —dijo el Buda.

Así fue como el seguidor laico Candanaṅgalika ensalzó al Buda en su presencia con un verso apropiado:

¡Como un fragante loto rosa que florece por la mañana,
con su fragancia inalterada, ve brillar a Aṅgīrasa[8]*,*
resplandeciente como el sol en el cielo!

Entonces aquellos cinco reyes vistieron a Candanaṅgalika con cinco túnicas superiores. Y Candanaṅgalika a su vez dotó al Buda con estas túnicas.

---

8 *Aṅgīrasa* es un epíteto o título honorífico que a veces se usa para referirse al Buda en los textos budistas. El término "Aṅgīrasa" tiene sus raíces en la tradición védica, donde se refería a una antigua línea de sabios o rishis. En el contexto budista, este epíteto se usa para enfatizar la sabiduría y el linaje espiritual del Buda. Literalmente, "Aṅgīrasa" puede significar "descendiente de Angiras" (un sabio védico), o "el radiante" o "el que emite luz".

13

UN CUBO DE ARROZ

Ocurrió en Sāvatthī. En aquel tiempo, el rey Pasenadi de Kosala solía comer arroz a cubos. Después de comer, el rey Pasenadi de Kosala se acercó al Buda resoplando. Le rindió homenaje y se sentó a un lado.

Entonces, viendo que el rey Pasenadi resoplaba y resoplaba después de comer, en aquella ocasión el Buda recitó este verso:

Cuando un hombre está siempre atento,
conociendo la moderación en el comer,
su malestar disminuye, y envejece lentamente,
cuidando su vida.

En aquel momento, el estudiante brahmán Sudassana estaba de pie detrás del rey. Entonces el rey Pasenadi se dirigió a él:

Por favor, querido Sudassana, memoriza este verso en presencia del Buda y recítamelo siempre que me ofrezcan una comida. Estableceré para ti una asignación diaria regular de cien monedas.

—Sí, Majestad, —respondió Sudassana.

Memorizó aquel verso en presencia del Buda, y luego, cada vez que al rey se le presentaba una comida, lo repetía:

Cuando un hombre está siempre atento,
conociendo la moderación en el comer,
su malestar disminuye, y envejece lentamente,
cuidando su vida.

Entonces el rey se acostumbró gradualmente a no comer más de medio litro de arroz. Al cabo de algún tiempo, el cuerpo del rey Pasenadi adelgazó. Acariciándose la barriga con las manos, en ese momento pronunció estas palabras de inspiración:

El Buda verdaderamente tiene compasión de mí
tanto por el bien de la vida presente
como por el bien de la próxima.

14

LA BATALLA
1ª PARTE

Ocurrió en Sāvatthī. Por aquel entonces el rey Ajātasattu Vedehiputta de Magadha movilizó un ejército de cuatro divisiones y marchó a Kāsi para atacar al rey Pasenadi de Kosala. Cuando el rey Pasenadi se enteró, movilizó un ejército de cuatro divisiones y marchó a Kāsi para defenderla de Ajātasattu. Entonces los dos reyes se enfrentaron en batalla. Y en esa batalla Ajātasattu derrotó a Pasenadi, que se retiró a su propia capital en Sāvatthī.

Entonces varios monjes se vistieron por la mañana y, tomando sus cuencos y sus túnicas, entraron en Sāvatthī para pedir limosna. Luego, después de la comida, cuando regresaron de la ronda de limosnas, se acercaron al Buda, le rindieron homenaje, se sentaron a un lado y le contaron lo sucedido. Entonces el Buda dijo:

Oh monjes, el rey Ajātasattu tiene malos amigos, compañeros y asociados. Pero el rey Pasenadi tiene buenos amigos, compañeros y asociados. Sin embargo, en este día el rey Pasenadi tendrá una mala noche de sueño por haber sido derrotado.

[Y el Bienaventurado añadió:]

La victoria da lugar a la enemistad;
el derrotado duerme mal.
Los pacíficos duermen bien,
habiendo dejado atrás la victoria y la derrota.

15

LA BATALLA
2ª PARTE

Tiempo después el rey Ajātasattu Vedehiputta de Magadha movilizó de nuevo un ejército de cuatro divisiones y marchó a Kāsi para atacar al rey Pasenadi de Kosala. Cuando el rey Pasenadi se enteró, movilizó un ejército de cuatro divisiones y marchó a Kāsi para defenderla de Ajātasattu. Los dos reyes se enfrentaron en batalla y en la misma Pasenadi derrotó a Ajātasattu y lo capturó vivo. Entonces el rey Pasenadi pensó:

Aunque nunca he traicionado a este Rey Ajātasattu,
él me traicionó a mí. Aun así, es mi sobrino.
Ahora que he derrotado a todas las tropas de elefantes,
caballería, carros e infantería de Ajātasattu,
¿por qué no le libero dejándolo con vida?

Y eso fue lo que hizo.

Varios monjes, sabiendo de lo ocurrido, le contaron al Buda lo que había sucedido.
Sabiendo el significado de esto, en aquella ocasión el Bienaventurado recitó estos versos:

Un hombre sigue saqueando
mientras sirva a sus fines.

Pero tan pronto como otros lo saquean,
el saqueador es saqueado.

Porque el necio piensa que se ha salido con la suya
mientras la maldad no madure.
Pero cuando la maldad madura, caen en el sufrimiento.

Un asesino crea un asesino;
un conquistador crea un conquistador;
un abusador crea abuso,
y un matón crea un matón.
Y así, a medida que los hechos se desarrollan
el saqueador es saqueado.

16

UNA HIJA

Ocurrió en Sāvatthī. Entonces el rey Pasenadi de Kosala se acercó al Buda, le rindió homenaje y se sentó a un lado. En aquel momento un hombre se acercó al rey y le susurró al oído:

Majestad, la reina Mallikā ha dado a luz una hija.

Al decir esto, el rey Pasenadi se sintió decepcionado. Sabiendo que el rey Pasenadi estaba decepcionado, el Buda recitó estos versos:

Pues muchas mujeres son mejores que los hombres,
oh gobernante del pueblo.
Sabia y virtuosa es una esposa devota que honra a su suegra.

Y cuando tiene un hijo, se convierte en un héroe,
oh señor de la tierra.
El hijo de tal bendita mujer puede incluso gobernar el reino.

17

DILIGENCIA

Ocurrió en Sāvatthī. Sentado a un lado, el rey Pasenadi dijo al Buda:

Señor, ¿hay algo que asegure beneficios
tanto para la vida presente
como para las vidas venideras?

[El Buda respondió:]

Lo hay, gran rey.

[El rey Pasenadi de nuevo:]

¿Y qué es?

[El Buda:]

La diligencia, gran rey, es una cosa que,
cuando se desarrolla y se cultiva,
asegura beneficios tanto para la vida presente
como para las vidas venideras.
Las huellas de todas las criaturas que caminan
caben dentro de la huella de un elefante.

Por eso se dice que la huella de un elefante
es la más grande de todas.
Del mismo modo, la diligencia es una cosa
que asegura beneficios tanto para la vida presente
como para las vidas venideras.

Eso es lo que dijo el Buda.

Para aquel que desea un flujo continuo de placeres excepcionales
—larga vida, belleza y salud, el cielo, y el nacimiento en una
familia eminente—
el astuto alaba la diligencia en hacer méritos.
Siendo diligente, una persona astuta se asegura ambos beneficios:
el beneficio en esta vida, y en las vidas venideras.
Un sabio, comprendiendo el significado, es llamado "inteligente".

18

LOS BUENOS AMIGOS

Ocurrió en Sāvatthī. Sentado a un lado, el rey Pasenadi dijo al Buda:

Hace un momento, Señor, mientras estaba en retiro privado me vino a la mente este pensamiento:
"La enseñanza está bien explicada por el Buda.
Pero es para alguien con buenos amigos, compañeros y asociados, no para alguien con malos amigos, compañeros y asociados".

¡Eso es muy cierto, gran rey! ¡Eso es verdad! —dijo el Buda, y repitió la afirmación del rey, añadiendo:

Gran rey, una vez me encontraba en la tierra de los Sakyas, donde tienen una ciudad llamada Nagaraka.
Entonces el monje Ānanda vino a mí, me rindió homenaje, se sentó a un lado y me dijo:

Señor, los buenos amigos, compañeros y asociado son la mitad de la vida espiritual.

Cuando hubo hablado, le dije:

¡No es así, Ānanda! ¡No es así, Ānanda!
Los buenos amigos, compañeros y asociados
son el todo de la vida espiritual.
Un monje con buenos amigos, compañeros y asociados
puede esperar desarrollar y cultivar
el noble sendero óctuple.

—¿Y cómo un monje con buenos amigos
desarrolla y cultiva el noble sendero óctuple?

—Es cuando un monje desarrolla la visión correcta,
el pensamiento correcto, la palabra correcta,
la acción correcta, los medios de vida correctos,
el esfuerzo correcto, la atención correcta
y la inmersión correcta, que se basan en la renuncia,
el desapasionamiento y la cesación, que maduran en la liberación.
Así es como un monje con buenos amigos
desarrolla y cultiva el noble sendero óctuple.
Y he aquí otra manera de comprender
cómo los buenos amigos son el todo de la vida espiritual.

Porque, al confiar en mí como buen amigo,
los seres sensibles que están expuestos al renacimiento,
la vejez y la muerte, a la pena, el lamento, el dolor,
la tristeza y la angustia, se liberan de todas estas cosas.
Esta es otra forma de entender cómo
los buenos amigos son el todo de la vida espiritual.

Así pues, gran rey, debes entrenarte de este modo:
"Tendré buenos amigos, compañeros y asociados."
Así es como debes entrenarte.

Cuando tienes buenos amigos, compañeros y asociados,
debes vivir apoyado en una cosa:
la diligencia en los medios hábiles.

Cuando eres diligente, apoyado en la diligencia,
tus damas del harén, vasallos aristócratas,
tropas y gente de la ciudad y del campo pensarán:
"El rey vive diligentemente, apoyado en la diligencia.
¡Será mejor que vivamos con diligencia, apoyados por la diligencia!"

Cuando seas diligente, apoyado por la diligencia, entonces no solo
tú mismo, sino tus damas del harén, y tu tesorería y almacenes
estarán vigilados y protegidos.

Eso es lo que dijo el Buda y prosiguió:

Para aquel que desea un flujo continuo de riqueza excepcional,
el sabio alaba la diligencia en hacer méritos.
Siendo diligente, una persona sabia se asegura ambos beneficios:
el beneficio en esta vida, y en las vidas venideras.
Un sabio, comprendiendo el significado, es llamado "inteligente".

19

SIN HIJOS
1ª PARTE

Ocurrió en Sāvatthī. El rey Pasenadi de Kosala se acercó al Bienaventurado en pleno día, le rindió homenaje y se sentó a un lado. El Buda le dijo:

Entonces, gran rey, ¿de dónde vienes en pleno día?

[El rey Pasenadi respondió:]

Señor, aquí en Sāvatthī ha fallecido un financiero padre de familia. Como murió sin hijos, he venido después de transferir su fortuna al complejo real. Había ocho millones en oro, por no hablar de la plata. Y, sin embargo, ese financiero comía gachas con pepinillos. Vestía ropas que consistían en tres piezas de cáñamo de sol[9]. Viajaba en un vehículo que era un pequeño carro destartalado, sosteniendo una hoja como parasol.

[El Buda dijo:]

¡Eso es tan cierto, gran rey! ¡Es así mismo!

---

9 *Crotalaria juncea* es una planta herbácea anual utilizada por su fibra, forraje y como cultivo de cobertura para abono verde. Era muy popular su uso en la confección de tejidos.

Cuando una persona inferior ha adquirido una riqueza excepcional, no se hace feliz ni encuentra satisfacción para sí misma. Ni trae felicidad o satisfacción a su madre y a su padre, a su pareja ni a sus hijos, a sus sirvientes, a sus trabajadores y a su personal, a sus amigos o a sus colegas. Y no dispone ofrendas virtuosas para maestros, ascetas y brahmanes, actuando en sentido opuesto a los frutos celestiales que maduran en felicidad y conducen a los cielos. Como no han utilizado adecuadamente esa riqueza, los gobernantes o los bandidos se apoderan de ella, o el fuego la consume, o las inundaciones la arrasan, o los herederos no amados se apoderan de ella. Como esa riqueza no se utiliza adecuadamente, se desperdicia con negligencia.

Supongamos que hubiera un estanque de lotos en una región deshabitada con agua clara, dulce, fresca, limpia, con orillas lisas, deliciosa. Pero la gente no la recoge, ni la bebe, ni se baña en ella, ni la utiliza para ningún fin. Como esa agua no se utiliza adecuadamente, se desperdicia, sin usar. Del mismo modo, cuando una persona inferior ha adquirido una riqueza excepcional se desperdicia, sin que produzca un bien.

Cuando una buena persona ha adquirido una riqueza excepcional, se hace feliz y encuentra satisfacción para sí misma. Y hace felices y satisfechos a su madre y a su padre, a su pareja y a sus hijos, a sus sirvientes, a sus trabajadores y a su personal, a sus amigos y a sus colegas. Y dispone ofrendas virtuosas para maestros, ascetas y brahmanes, actuando en sentido de los frutos celestiales que maduran en felicidad y conducen a los cielos. Porque hacen un uso apropiado de esa riqueza, los gobernantes o los bandidos no la toman, el fuego no la consume, la inundación no la arrasan, y los herederos no amados no la toman. Puesto que esa riqueza se utiliza adecuadamente, se usa, no se desperdicia.

Supongamos que hubiera un estanque de lotos no lejos de una ciudad o pueblo con agua clara, dulce, fresca, limpia, con orillas lisas, deliciosa. Y la gente la recogiera y la bebiera y se bañara en ella y la utilizara para sus propios fines. Como esa agua se utiliza adecuadamente, se aprovecha, no se desperdicia. Del mismo modo, cuando una buena persona ha adquirido una riqueza excepcional se utiliza, no se desperdicia.

Como el agua fresca en una región deshabitada se evapora cuando no se bebe; así también cuando una persona corrupta adquiere riqueza, ni la usa ella misma ni la ofrece. Pero cuando una persona sensata se hace con riqueza, la utiliza y cumple con su deber. Esa cabeza, habiendo sostenido la unidad familiar, irreprochable, va a un lugar celestial.

20

SIN HIJOS
2ª PARTE

Un día el rey Pasenadi de Kosala se acercó al Buda en pleno día. El Bienaventurado le dijo:

Gran rey, ¿de dónde vienes en pleno día?

[El rey Pasenadi respondió:]

Señor, aquí en Sāvatthī ha fallecido un financiero padre de familia. Como murió sin hijos, he venido después de transferir su fortuna al complejo real. Había diez millones en oro, por no hablar de la plata. Y, sin embargo, ese financiero comía gachas con pepinillos. Vestía ropas compuestas de tres piezas de cáñamo de sol. Viajaba en un vehículo que era un pequeño carro destartalado, sosteniendo una hoja como parasol.

[El Buda dijo:]

¡Eso es tan cierto, gran rey! ¡Es así mismo!

Érase una vez, gran rey, aquel padre de familia financiero que daba limosna en nombre de un Buda despierto para sí mismo llamado Tagarasikhī. Ordenó: <Da limosna a ese asceta>, antes de levantarse de su asiento y marcharse. Pero después de darla se *arrepintió: <Hubiera sido mejor alimentar a los sirvientes o a los trabajadores con esa limosna>. Es más, asesinó al único hijo de su hermano en aras de su fortuna.*

Debido a que ese financiero proporcionó a Tagarasikhī limosna, como resultado de ese acto renació siete veces en un buen lugar, un reino celestial. Y como resultado residual de ese mismo hecho ocupó el puesto de financiero siete veces aquí mismo en Sāvatthī. Pero debido a que ese financiero se arrepintió de dar limosna, como resultado de ese hecho su mente no tendió a disfrutar de buena comida, ropa, vehículos, o los cinco refinados tipos de estimulación sensual. Y porque ese financiero asesinó al único hijo de su hermano por el bien de su fortuna, como resultado de ese acto ardió en el infierno durante muchos años, durante muchos cientos, muchos miles, muchos cientos de miles de años. Y como resultado residual de ese mismo acto por séptima vez, ya que no tiene hijos, su fortuna termina en el tesoro real. Ahora el viejo mérito de ese financiero se ha agotado, y no ha acumulado nuevo mérito. Hoy, gran rey, ese financiero arde en el Gran Infierno de los Gritos.

[El rey Pasenadi pregunto:]

Entonces, Señor, ¿ese financiero ha renacido en el Gran Infierno de los Gritos?

[El Buda respondió:]

¡Sí, gran rey!
Grano, riqueza, plata y oro, o cualquier otra posesión que haya; sirvientes, trabajadores, empleados, y aquellos que dependen de su sustento: debes seguir adelante sin tomarlos; todos ellos quedan atrás. Pero las acciones que realices con el cuerpo, la palabra y la mente eso es lo que puedes llamar tuyo. Eso es lo que te llevas

cuando te marchas. Eso es lo que se va contigo, como una sombra que nunca se va.

Por eso debes hacer el bien, invirtiendo en la vida futura. Las buenas acciones de los seres sintientes les sirven de apoyo en el otro mundo.

KOSALA VAGGA

EL CAPÍTULO DE KOSALA

"Kosala" se refiere al reino del rey Pasenadi. "Vagga" significa "capítulo" o "sección". Por lo tanto, "Kosala Vagga" puede traducirse como "El Capítulo de Kosala" o "La Sección de Kosala". Kosala era uno de los dieciséis Mahajanapadas (grandes estados) de la antigua India durante el tiempo del Buddha (siglo vi-v a.c.). Su capital era Sāvatthī (Sravasti), una ciudad importante en la vida del Buddha donde dio muchas enseñanzas. El reino de Kosala era un centro de poder político y económico, rivalizando con el vecino reino de Magadha. Kosala abarcaba gran parte de lo que hoy es el estado de Uttar Pradesh en el norte de India. Era un reino próspero con una mezcla de áreas urbanas y rurales, y una sociedad estratificada que incluía brahmanismo y otras tradiciones religiosas junto con el emergente budismo.

21

PERSONAS

Ocurrió en Sāvatthī. El rey Pasenadi de Kosala se acercó al Buda, le rindió homenaje y se sentó a un lado. El Bienaventurado le dijo:

Gran rey, estas cuatro personas se encuentran en el mundo. ¿Qué cuatro son?:

1. La oscuridad ligada a la oscuridad.
2. La oscuridad ligada a la luz.
3. La luz ligada a la oscuridad.
4. Y la luz ligada a la luz.

¿Y cómo es que una persona es oscura y está destinada a la oscuridad? Es cuando una persona renace en una familia inferior –una familia de parias, trabajadores del bambú, cazadores, fabricantes de carros o recogedores de basura–, pobre, con poco que comer o beber, donde la vida es dura y es difícil encontrar comida y cobijo. Y son feos, antiestéticos, deformes, enfermos crónicos, tuertos, lisiados, cojos o medio paralíticos. No consiguen tener comida, bebida, ropa y vehículos; guirnaldas, perfumes y maquillaje; ni cama, casa e iluminación. Y hacen cosas malas con el cuerpo, la palabra y la mente. Cuando su cuerpo se corrompe, después de la muerte, renacen en un lugar de pérdida, en un lugar malo, en el inframundo, en el infierno.

Esta persona es como alguien que va de oscuridad en oscuridad, de negrura en negrura, de mancha de sangre en mancha de sangre. Así es como una persona parte de la oscuridad y es destinada a la oscuridad.

¿Y cómo es que una persona es oscura y está destinada a la luz? Es cuando alguna persona renace en una familia inferior –una familia de parias, trabajadores del bambú, cazadores, constructores de carros o recogedores de basura– pobres, con poco que comer o beber, donde la vida es dura, y la comida y el cobijo son difíciles de encontrar. Y son feos, antiestéticos, deformes, enfermos crónicos, tuertos, lisiados, cojos o medio paralíticos. No llegan a tener comida, bebida, ropa y vehículos; guirnaldas, perfumes y maquillaje; ni cama, casa e iluminación. Pero hacen cosas buenas con el cuerpo, la palabra y la mente. Cuando su cuerpo se deshace, después de la muerte, renacen en un buen lugar, en un reino celestial.

Esta persona es como alguien que asciende del suelo a un sofá; de un sofá a un caballo; de un caballo a un elefante; y de un elefante a un palafito. Así es como una persona partiendo de la oscuridad es destinada a la luz.

¿Y cómo es que una persona es luz y está destinada a la oscuridad? Es cuando una persona renace en una familia eminente –una familia acomodada de aristócratas, brahmanes o señores de casa– rica, próspera y adinerada, con mucho oro y plata, muchas propiedades y bienes, y mucho dinero y grano. Y son atractivos, apuestos, encantadores, de una belleza sobrecogedora. Tienen comida, bebida, ropa y vehículos; guirnaldas, perfumes y maquillaje; y cama, casa e iluminación. Pero hacen cosas malas con el cuerpo, la palabra y la mente. Cuando su cuerpo se corrompe, después de la muerte, renacen en un lugar de pérdida, en un lugar malo, en el inframundo, en el infierno.

Esta persona es como alguien que desciende de un palafito a un elefante; de un elefante a un caballo; de un caballo a un sofá; y de un sofá al suelo; y desde el suelo entra en la oscuridad. Así es como una persona es luz y está destinada a la oscuridad.

¿Y cómo es que una persona es luz y está destinada a la luz? Es cuando una persona renace en una familia eminente —una familia acomodada de aristócratas, brahmanes o señores de casa— rica, próspera y adinerada, con mucho oro y plata, muchas propiedades y bienes, y mucho dinero y grano. Y son atractivos, apuestos, encantadores, de una belleza sobrecogedora. Tienen comida, bebida, ropa y vehículos; guirnaldas, perfumes y maquillaje; y cama, casa e iluminación. Y hacen cosas buenas con el cuerpo, la palabra y la mente. Cuando su cuerpo se deshace, después de la muerte, renacen en un buen lugar, en un reino celestial.

Esta persona es como alguien que cambia de un sofá a otro; del lomo de un caballo a otro; de un elefante a otro; o de un palafito a otro. Así es como una persona es luz y está destinada a la luz. Estas son las cuatro personas que se encuentran en el mundo.

Eso es lo que dijo el Buda.

Oh rey, algunas personas son pobres, infieles y tacañas.
Miserables, con malas intenciones,
son irrespetuosos, con una visión errónea.

Abusan e insultan a los ascetas
y brahmanes y a otros renunciantes.
Son nihilistas y bravucones,
e impiden que otros den comida a los mendigos.
Oh rey, gobernante del pueblo:
cuando tales personas mueren

caen en el terrible infierno,
desde sus oscurecimientos son destinadas a la oscuridad.

Oh rey, algunas personas son pobres,
pero llenos de fe y sin avaricia.
Dan con la mejor de las intenciones,
personas de corazón pacífico.

Se levantan y rinden homenaje ante ascetas
y brahmanes y otros renunciantes.
Entrenados en la conducta moral,
no impiden que otros den comida a los mendigos.
Oh rey, gobernante del pueblo:
cuando tales personas mueren
van al Triple Cielo[10]*:*
de la oscuridad son destinadas a la luz.

---

10 El concepto de "Triple Cielo" en la cosmogonía budista primitiva es fundamental para comprender la visión del mundo que se desarrolló en los primeros siglos del budismo. Propone un universo tridimensional, como un cosmos jerárquico con tres niveles principales: 1. El Cielo de la Forma (*Rūpa-Lokā*): es el primer cielo, el más cercano a nuestro mundo material. Se caracteriza por la ausencia de sufrimiento y la presencia de seres con cuerpos etéreos, libres de las limitaciones físicas de nuestro mundo. Está habitado por seres con cuerpos luminosos, libres de enfermedad y muerte, pero aún aferrados a la existencia individual, como por ejemplo los devas, seres divinos que disfrutan de placeres y poder, pero aún no han alcanzado la liberación final. 2. El Cielo de la No-Forma (*Arūpa-Lokā*): este nivel se encuentra más allá de la percepción sensorial. Aquí, los seres han trascendido las formas y los conceptos, experimentando estados de conciencia pura y libre de dualidades. Lo habitan seres sin forma física, existiendo en estados de conciencia trascendental, como los arhats, seres que han alcanzado la iluminación individual y la liberación del ciclo de renacimiento. 3. El Cielo de la Vacuidad (*Śūnyatā*): este es el nivel más elevado, donde se comprende la naturaleza fundamental de la realidad: la vacuidad. Aquí, la dualidad se disuelve por completo y se experimenta la unidad con todo lo existente. Llegan a él los budas perfeccionados por la iluminación y la compasión por todos los seres.

Oh rey, algunas personas son ricas,
pero infieles y avaros.
Miserables, con malas intenciones,
son irrespetuosos, con una visión errónea.

Abusan e insultan a los ascetas
y brahmanes y otros renunciantes.
Son nihilistas y bravucones,
e impiden que otros den comida a los mendigos.
Oh rey, gobernante del pueblo:
cuando esas personas mueren
caen en un terrible infierno,
de la luz son destinados a la oscuridad.

Oh rey, algunas personas son ricas,
fieles y no son avaros.
Dan con la mejor de las intenciones,
personas de corazón pacífico.

Se levantan y rinden homenaje ante los ascetas
y brahmanes y otros renunciantes.
Entrenados en la conducta moral,
no impiden que otros den comida a los mendigos.
Oh rey, gobernante del pueblo:
cuando tales personas mueren van al Triple Cielo:
de la luz son destinados a la luz.

22

ABUELA

Ocurrió en Sāvatthī. El rey Pasenadi de Kosala se sentó a un lado, y el Buda le dijo:

Entonces, gran rey, ¿de dónde vienes en pleno día?

[El rey Pasenadi le respondió:]

Señor, mi abuela ha fallecido. Era anciana y muy longeva. Estaba avanzada en años y había llegado a la etapa final de la vida; tenía ciento veinte años.
Pero yo quería a mi abuela; era muy querida para mí.
Si regalando el tesoro del elefante podía recuperar a mi abuela, lo haría.
Si regalando el tesoro del caballo pudiera recuperar a mi abuela, lo haría.
Si regalando un pueblo premiado pudiera recuperar a mi abuela, lo haría.
Si regalando todo el país pudiera recuperar a mi abuela, lo haría.

[El Buda respondió:]

Gran rey, todos los seres sintientes están sujetos a morir. La muerte es su fin; no están exentos de la muerte.

[El rey Pasenadi respondió:]

Es increíble, Señor, es increíble, lo bien que dijo esto el Buda:
Todos los seres sensibles están expuestos a morir.
La muerte es su fin; no están exentos de la muerte.

[El Buda respondió:]

¡Eso es tan cierto, gran rey! ¡Es así mismo!
Todos los seres sintientes están sujetos a morir.
La muerte es su fin; no están exentos de la muerte.
Es como las vasijas hechas por los alfareros.
Sean del tipo que sean, horneadas o sin hornear,
todas son susceptibles de romperse.
Romperse es su fin; no están exentas de la rotura.
Del mismo modo, todos los seres sintientes están sujetos a morir.
La muerte es su fin; no están exentos de la muerte.

[El Buda prosiguió:]

Todos los seres morirán, pues toda vida termina con la muerte.
Según sus actos, cosecharán los frutos del bien y del mal.
Los que hacen el mal generan causas para ir al infierno
y los que hacen el bien generan las causas para ir al cielo.

Por eso hacer el bien, es como una inversión en la vida futura.
Las buenas acciones de los seres sintientes generan méritos
que les servirán de apoyo en el otro mundo.

23

EL MUNDO

Ocurrió en Sāvatthī. Sentado a un lado, el rey Pasenadi dijo al Buda:

Señor, ¿cuántas cosas surgen en el mundo
por su daño, sufrimiento e incomodidad?

[El Buda respondió:]

Gran rey, tres cosas surgen en el mundo por su daño,
sufrimiento e incomodidad.
¿Qué tres?: La codicia, el odio y la ilusión.
Estas tres cosas surgen en el mundo por su daño,
sufrimiento e incomodidad.

[El Bienaventurado prosiguió diciendo:]

Cuando la codicia, el odio y la ilusión,
han surgido dentro de uno mismo,
dañan a una persona de corazón perverso,
como una caña es destruida por su propio fruto.

24

TIRO CON ARCO

Ocurrió en Sāvatthī. Sentado a un lado, el rey Pasenadi dijo al Buda:

Señor, ¿dónde debe hacerse un regalo?

[El Buda respondió:]

Donde tu corazón se sienta inspirado, gran rey.
Dónde debe hacerse un regalo es una cosa, gran rey,
pero dónde un regalo es fructífero es otra.
Un regalo es fructífero cuando se da a una persona ética,
no tanto a una persona sin ética.
Pues bien, gran rey, te preguntaré sobre esto a cambio,
y puedes responder como quieras.
¿Qué piensas, gran rey? Supón que estás en guerra,
listo para librar una batalla.
Entonces llega un joven aristócrata sin entrenamiento,
inexperto, no apto, sin experiencia.
Y es temeroso, cobarde, tembloroso, rápido para huir.
¿Contratarías a un hombre así? ¿Te sería útil?

[El rey Pasenadi respondió:]

No, Señor, no me serviría un hombre así.

[El Buda siguió preguntando:]

*¿Y un joven brahmán, un joven comerciante
o un joven trabajador que fuera similar?*

[El rey Pasenadi respondió:]

No, Señor, no me serviría un hombre así.

[El Buda siguió:]

*¿Qué piensas, gran rey? Supón que estás en guerra,
listo para librar una batalla.
Entonces llega un joven aristócrata entrenado,
experto, apto, experimentado.
Y es intrépido, valiente, audaz, se mantiene firme.
¿Contratarías a un hombre así? ¿Te sería útil?*

[El rey Pasenadi respondió:]

Sí, Señor, me sería útil un hombre así.

[El Buda siguió preguntando:]

*¿Qué tal un joven brahmán, un joven comerciante,
o un joven trabajador que fuera similar?
¿Usted emplearía a un hombre así?
¿Te sería útil?*

[El rey Pasenadi respondió:]

Sí, Señor, emplearía a un hombre así.

[El Buda aclaró:]

*Del mismo modo, un regalo a cualquiera que haya renunciado
a cinco cosas y posea cinco factores es muy fructífero,
no importa de qué familia provenga.
¿Cuáles son las cinco cosas a los que han renunciado?
Codicia* (lobha), *avaricia* (dosa), *ignorancia* (moha),
orgullo (mana) *y desconfianza* (vicikitsa).[11]
*Estas son las cinco cosas a las que han renunciado.
¿Y cuáles son los cinco factores que poseen?
Sabiduría* (paññā), *ética* (sila), *meditación* (bhāvanā),
contemplación (vipassanā) *y generosidad* (dāna).[12]
*Estos son los cinco factores que poseen.
Yo digo que un regalo a cualquiera que haya renunciado
a estas cinco cosas y posea estos cinco factores es muy fructífero.*

Eso es lo que dijo el Buda. Luego el Bienaventurado,
el Maestro, continuó diciendo:

*Cualquier joven hábil en el tiro con arco, poderoso y vigoroso,
sería empleado por un rey que fuera a la guerra
–uno no es cobarde a causa de su nacimiento.*

*Del mismo modo, quien se asienta
en las cualidades de la paciencia y la mansedumbre,*

---

11 Estas cinco cosas que hay que abandonar son comprendidas bajo el término *pañca-nirodha*.

12 Estos cinco factores que hay que cultivar son comprendidos bajo el término *pañca-upādāna*.

una persona inteligente y de conducta noble,
debe ser venerado, aunque provenga de nacimiento humilde.

Debes construir hermosas ermitas y asentar en ellas a personas cultas.
Deberías establecer reservas de agua en regiones estériles
y pasadizos en lugares difíciles de transitar.

Comida, bebida, comestibles, ropa y alojamiento
deben darse a los rectos, de corazón claro y confiado.

La nube de lluvia atronadora,
sus cien picos envueltos en relámpagos,
se derrama sobre la rica tierra,
empapando las regiones altas y los valles.

Así también una persona astuta, fiel y erudita
debe preparar una comida para satisfacer
a los renunciantes con comida y bebida.

Regocijándose, ellos distribuyen, diciendo: ¡den, den!
Pues ese es su trueno, como los dioses cuando llueve.
Esa corriente de mérito tan abundante
se derrama sobre el donante.

25

EL SÍMIL DE LA MONTAÑA

Ocurrió en Sāvatthī. El rey Pasenadi de Kosala se sentó a un lado, y el Buda le dijo:

Gran rey, ¿de dónde vienes en pleno día?

[El rey Pasenadi respondió:]

Señor, hay reyes aristócratas
que están encaprichados con el poder
y obsesionados con la codicia de los placeres sensuales.
Han alcanzado la estabilidad en el país,
ocupando un vasto territorio conquistado.
Hoy he estado ocupado cumpliendo los deberes de tales reyes.

[El Buda respondió:]

¿Qué te parece, gran rey?
Supón que viniera del este un hombre digno de confianza.
Se acercaría a ti y te diría:
'Por favor Señor, debe saber esto. Vengo del este.
Allí vi una enorme montaña que llegaba hasta las nubes.
Y venía hacia aquí, aplastando a todas las criaturas.
Entonces, gran rey, ¡haz lo que debas hacer!'

Entonces un segundo hombre digno de confianza vendría del oeste...
un tercero del norte...
y un cuarto del sur. Se te acercaría y te diría:
'Por favor, Señor, debe saber esto. Vengo del sur.
Allí vi una enorme montaña que llegaba hasta las nubes.
Y venía hacia aquí, aplastando a todas las criaturas.
Entonces, gran rey, ¡haz lo que debas hacer!'.

Si surgiera una amenaza tan funesta
–una terrible pérdida de vidas humanas,
cuando el nacimiento humano es tan valioso–,
¿qué harías?

[El rey Pasenadi respondió:]

Señor, ¿qué podría hacer sino practicar las enseñanzas,
practicar la ética, realizando acciones hábiles y buenas?

[El Buda respondió:]

Te lo digo, gran rey, te lo anuncio:
la vejez y la muerte avanzan sobre ti.
Puesto que la vejez y la muerte avanzan sobre ti,
¿qué harías?

[El rey Pasenadi respondió:]

Señor, ¿qué puedo hacer sino practicar las enseñanzas,
practicar la ética, realizando acciones hábiles y buenas?
Señor, hay reyes que están encaprichados
con el poder y obsesionados con la codicia de los placeres sensuales.
Han alcanzado la estabilidad en el país,
ocupando un vasto territorio conquistado.

Tales reyes se enzarzan en batallas de elefantes,
caballería, carros o infantería.
Pero no hay lugar ni margen para tales batallas
cuando la vejez y la muerte avanzan.
En esta corte real hay ministros de sabio consejo
que son capaces de dividir a un enemigo
que se aproxima mediante sabios consejos.
Pero no hay lugar, no hay margen
para tales batallas diplomáticas
cuando la vejez y la muerte avanzan.
En esta corte real hay abundantes monedas
y lingotes de oro almacenados en mazmorras y torres.
Con esta riqueza podemos pagar a un enemigo que se acerca.
Pero no hay lugar, no hay margen para tales batallas
monetarias cuando la vejez y la muerte avanzan.
Cuando la vejez y la muerte avanzan,
¿qué puedo hacer sino practicar las enseñanzas,
practicar la ética, realizando acciones hábiles y buenas?

[El Buda respondió:]

¡Eso es tan cierto, gran rey! ¡Es justo así!
Cuando la vejez y la muerte avanzan,
¿qué puedes hacer sino practicar las enseñanzas,
practicar la moralidad, hacer acciones hábiles y buenas?

Eso es lo que dijo el Buda. Entonces el Bienaventurado, el Maestro, continuó diciendo:

Supón que hubiera vastas montañas de roca sólida tocando el cielo,
atrayéndose por todos lados y aplastando los cuatro puntos
cardinales.
Así también la vejez y la muerte avanzan

sobre todas las criaturas vivientes:
aristócratas, brahmanes, mercaderes, trabajadores, parias y carroñeros.
No perdonan nada.
Aplastan a todos los que están por debajo de ellos.

Los elefantes no pueden resistir, ni los carros ni la infantería.
No pueden ser derrotados
por batallas diplomáticas o por la riqueza.

Por eso una persona sabia,
viendo lo que es bueno para sí misma,
siendo inteligente, pondría su fe
en el Buda, el Dhamma y la Saṅgha.

Quien vive según el Dhamma en cuerpo, palabra y mente,
es alabado en esta vida
y al dejar este cuerpo se regocija en el cielo.

AQUÍ SE COMPLETAN
LOS DISCURSOS ENLAZADOS
DEL REY DE KOSALA

ÍNDICE

El libro budista del rey de Kosala
compuesto con tipos Montserrat en créditos
y portadillas, y DGP
en el resto de las tripas,
bajo el cuidado de Daniel Vera,
se terminó de imprimir
el 19 de septiembre de 2024,
ese mismo día de 1580 en Argel,
el escritor español Miguel de Cervantes
Saavedra es liberado de su cautiverio.

LAUS DEO